Alain-Fidèle Mansiantima Miankenda

Hymnes au Roi de gloire

Alain-Fidèle Mansiantima Miankenda

# Hymnes au Roi de gloire

Un parfum du cœur pour Jésus-Christ

Éditions Croix du Salut

**Impressum / Mentions légales**
Bibliografische Information der Deutschen Nationalbibliothek: Die Deutsche Nationalbibliothek verzeichnet diese Publikation in der Deutschen Nationalbibliografie; detaillierte bibliografische Daten sind im Internet über http://dnb.d-nb.de abrufbar.
Alle in diesem Buch genannten Marken und Produktnamen unterliegen warenzeichen-, marken- oder patentrechtlichem Schutz bzw. sind Warenzeichen oder eingetragene Warenzeichen der jeweiligen Inhaber. Die Wiedergabe von Marken, Produktnamen, Gebrauchsnamen, Handelsnamen, Warenbezeichnungen u.s.w. in diesem Werk berechtigt auch ohne besondere Kennzeichnung nicht zu der Annahme, dass solche Namen im Sinne der Warenzeichen- und Markenschutzgesetzgebung als frei zu betrachten wären und daher von jedermann benutzt werden dürften.

Information bibliographique publiée par la Deutsche Nationalbibliothek: La Deutsche Nationalbibliothek inscrit cette publication à la Deutsche Nationalbibliografie; des données bibliographiques détaillées sont disponibles sur internet à l'adresse http://dnb.d-nb.de.
Toutes marques et noms de produits mentionnés dans ce livre demeurent sous la protection des marques, des marques déposées et des brevets, et sont des marques ou des marques déposées de leurs détenteurs respectifs. L'utilisation des marques, noms de produits, noms communs, noms commerciaux, descriptions de produits, etc, même sans qu'ils soient mentionnés de façon particulière dans ce livre ne signifie en aucune façon que ces noms peuvent être utilisés sans restriction à l'égard de la législation pour la protection des marques et des marques déposées et pourraient donc être utilisés par quiconque.

Coverbild / Photo de couverture: www.ingimage.com

Verlag / Editeur:
Éditions Croix du Salut
ist ein Imprint der / est une marque déposée de
OmniScriptum GmbH & Co. KG
Heinrich-Böcking-Str. 6-8, 66121 Saarbrücken, Deutschland / Allemagne
Email: info@editions-croix.com

Herstellung: siehe letzte Seite /
Impression: voir la dernière page
**ISBN: 978-3-8416-9891-9**

Copyright / Droit d'auteur © 2015 OmniScriptum GmbH & Co. KG
Alle Rechte vorbehalten. / Tous droits réservés. Saarbrücken 2015

Alain - Fidèle
MANSIANTIMA MIANKENDA

# HYMNES AU ROI DE GLOIRE

*« Un parfum du cœur pour Jésus-Christ »*

*« C'est de lui que j'ai parlé quand j'ai dit : ' Il vient après moi, mais il est plus important que moi, car il existait déjà avant moi. »*

Jean 1.15 (Bible expliquée)

## **PREFACE**

**B**eaucoup parmi nous ont été profondément touchés par les histoires qui se trouvent entre les pages des évangiles. Elles ont touché notre cœur ; elles ont bouleversé notre façon d'agir et de penser ; bref, elles ont transformé notre vie. La Bible est devenue pour nous une nourriture quotidienne et un guide indispensable pour la vie.

Mais rares sont les gens qui ont le talent d'exprimer l'émotion provoquée par ces histoires dans une poésie qui a sa source dans la foi profonde. Lorsque l'auteur de cette œuvre est venu me voir pour me demander de la lire et, si possible, d'écrire une préface, cela faisait des années depuis que nous avions été en contact l'un avec l'autre. A ce moment-là, il fut mon élève au secondaire. Mais, il ne m'a pas fallu un long entretien avec lui pour comprendre que le Seigneur avait beaucoup travaillé dans sa vie pendant les années qui nous avaient séparées. Cette expérience personnelle de la bonté de Dieu a donné naissance à ces poèmes.

Ils sont pour la plupart des méditations sur les narratifs bibliques et les vérités de la foi, des hymnes de reconnaissance et d'émerveillement devant l'amour de Dieu. Quand on comprend que tout ce que Jésus a enduré était pour chacun de nous individuellement, ainsi que pour la race humaine toute entière, on est poussé, comme l'auteur, à louer Dieu.

Ceux pour qui ces vérités sont déjà chères, vont trouver dans cette petite brochure un écho de leurs propres sentiments. D'autres, qui ne partagent pas encore la foi, mais qui peuvent lire ces poèmes par curiosité, vont certainement y trouver une matière à réflexion, et il est sans doute la prière de l'auteur qu'ils puissent rencontrer à travers ces pages celui pour qui elles ont été écrites, le Roi de gloire Lui-même.

**Pat Woolhouse**
Directrice des Etudes, Institut Nzolo, Kimpese

# INTRODUCTION

Je ne saurai parler de Jésus, ce merveilleux Homme-Dieu de tous les temps. Mais le zèle d'oser parler de lui me dévore, car je l'adore... Le pain de vie venu du ciel...

Avant sa venue sur terre, bien des prophètes de Dieu ont parlé de lui. Ils ont désiré le voir, se familiariser à lui, mais, leur message concernait des générations après eux. Du moins, ils ont cru et espéré... Aussi, certains rites, symboles ou éléments de la nature, pratiqués ou utilisés dans ce temps là - L'ancien Testament, attestaient l'humanité de Jésus-Christ, cet Homme qui devait venir.

Il vit à jamais. Les fidèles dans la foi l'ont expérimenté. Il a agi hier, il agit aujourd'hui, et il agira encore demain. Il ne se lasse pas d'agir, afin de confirmer sa parole.
Il a parlé dans le passé, il parle aujourd'hui, et il parlera encore demain. Il demeure avec ses disciples - ceux qui font la volonté de Dieu, jusqu'à la fin du monde, a-t-il dit.
Et aussi, il est le même hier, aujourd'hui et demain...

Son message, quelle beauté ! Un message reflétant l'état de son cœur. Un seul et unique pour le monde et pour tous le temps : « Aimer ».
Avant tout, aimer son créateur, puis son prochain - l'autre soi-même, et enfin, soi-même. Le modèle d'amour qu'il a imprimé à notre égard, je puis le dire, sera notre propre juge. Il revient donc à son église de faire attention !
Dans son amour, il n'a fait acception de personne : enfants, jeunes, adultes-jeunes, adultes-vieux, hommes ou femmes. Mais en retour, il a été rejeté. Le monde a rendu le mal pour le bien... Quel paradoxe !

Jamais, à notre honte, il n'a cessé d'aimer : « Père, pardonne-leur, car ils ne savent pas ce qu'ils font ».

Aussi, du fait qu'il est la résurrection et la vie ; il est passé de la mort de la croix de Golgotha à la vie éternelle.
La terre ne l'a pas contenu et la mort a vu son aiguillon fauché, anéanti, rendu sans effet. Par lui, nous avons une sublime grâce : « celui qui croit en moi vivra, même s'il meurt ». Amen !

Et Dieu le Père, l'a honoré d'un trône élevé, d'une position au-dessus des anges, d'une huile de joie - jusqu'à ce qu'il ait fait de ses ennemis son marche-pied !
Le souffre-douleur est devenu Roi de gloire, à qui appartient tout pouvoir de juger...

Par ailleurs, a-t-il oublié les siens dans le monde ? Non ! Ils ne sont jamais orphelins. Le Saint-Esprit est leur compagnon sûr et infaillible. Bientôt, il vient dans sa gloire régner avec eux. Il vient en Roi de gloire, plus jamais en humble Galiléen semblable à celui dont on détourne le visage, ou encore à un rejeton sortant d'une terre desséchée. A cet effet, tout œil le verra, même ceux qui l'ont percé. Viens Seigneur ! Ton épouse attend !

C'est sur ce chemin qu'il a marché pour nous chercher. En retour, notre cœur exhale, à son endroit, un parfum, sans doute de bonne odeur. Un honneur qui lui est dû à chaque instant.

Pour ce faire, le message contenu dans cette brochure est présenté en style poétique. Ainsi, vingt et un poèmes parlent de Jésus Christ, et repartis de manière suivante :

    Avant sa naissance :
        - Ils ont parlé de lui

- Même la nature l'honore

Sa naissance – Noël :
- Bébé de Bethlehem
- Message de Noël

Son enfance :
- Plus sage que les sages
- Les affaires de mon Père d'abord

Son ministère public :
- Emu de compassion
- Parfait serviteur

Son sacrifice suprême :
- Moi en vous (la sainte cène)
- Au jardin de la nuit
- Homme de douleur
- L'Agneau de Dieu
- Ton sang…

Matin de Pâques :
- O mort, où est ton aiguillon ?

Avant son ascension :
- Je vais vous préparer des places
- Faites des disciples
- Une église vivante et unie

Au ciel :
- Couronné de gloire
- Nul n'est comme toi Jésus

Sa seconde venue :
- Jésus revient, Maranatha !

Confession des fidèles :
- La raison de nos vies

Du reste, marchant sur cette terre, le disciple de Christ passe par diverses épreuves. Certaines sont faciles à gérer, d'autres beaucoup plus diffiles. Ce n'est qu'en comptant et en tenant la main du Seigneur qu'on pourra réussir et remporter le prix de la vocation céleste. Composée de 12 poèmes, nous avons intitulé cette deuxième partie : « Hymnes du pélérin traversant le désert… les chants… après les larmes »

Laisse que ce message retentisse aux oreilles de notre Grand Dieu et Sauveur Jésus-Christ, comme des prières des Saints réunis pour un sacerdoce royal.
Aussi, qu'il soit pour l'Eglise du Christ, un appel à l'adoration et à la louange, mais également une approche possessive, celle de faire des paroles de Jésus siennes, car participante de la nature divine.

Excellente méditation et consécration !

L'auteur

## AVANT SA NAISSANCE

**Ils ont parlé de lui**
- *Genèse 49.10*
- *Zacharie 6.12-13*
- *1 Pierre 1.10-12*
- *Matthieu 5.17*

    Ils ont parlé de lui
    Comme un soleil qui luit,
    Pour éclairer tout le monde,
    Et tous les cœurs, il sonde.

    Sans trop savoir,
    Moins encore le voir,
    Ils ont cru au message,
    Lui, la réponse de ce vieil adage.

    Des générations entières,
    Brûlaient de le voir,
    Du matin au soir,
    Brisant mêmes les barrières…

    Ils ont parlé de lui,
    Du Messie - faisant vibrer toute l'ouïe,
    Manifestant ses avances,
    Et les cœurs désiraient toute la mouvance.

Ils ont parlé de lui - Un prophète,
Viendra pour le grand repos - la fête.
Ils ont parlé de lui - Un Sauveur,
Pour essuyer nos larmes, quelle faveur !

Ils ont parlé de lui - Du Roi,
Qui supplantera, Roi des rois,
Assis sur le trône - Le Berger,
Propriétaire de verger.

Ils ont parlé de lui
Avec foi…
Rien que de lui,
Des milliers de fois.


**Même la nature l'honore**
*Exode 15.22- 25*
*Nombres 21.4-9*
*2 Rois 2.19-22*
*Genèse 9. 12- 17*
*Nombres 17. 16 -25*

Si les hommes ont parlé,
Du Roi de gloire,
Oh ! Que vienne l'année du jubilé,
Empiétant les règnes dérisoires !

Il règne à jamais,

Et agit à son gré,
Pour purifier le mal consommé,
Quel que soit son degré.

Il purifie l'eau du Mara,
Pour désaltérer les âmes assoiffées,
Et le train de la louange démarra,
Les doutes de l'heure défaits.

Il guérit de la morsure du serpent,
Lorsque dans le désert Moïse éleva
Sur une perche, en airain un serpent,
Et toi la mort, par Jésus « va ! »

Il assainit le sol,
Juste quelques grains de sel
Pour voir germer le tournesol :
Jésus guérit les cœurs qui chancellent !

Il est le Dieu de grâce :
« Je ne détruirai plus le monde,
Noé, vois l'arc-en-ciel en place,
Désormais, chaque cœur je sonde ! »

Toute la nature t'honore,
Les arbres de champs,
Les oiseaux dans l'air,
Les animaux et les poissons, quels chants !

Et le firmament dans sa beauté,
Le beau soleil du matin et du soir,
Le nuage, quel pouvoir l'as-tu doté :
D'arroser la terre comme un arrosoir !

Que dire de la verge d'Aaron
Qui bourgeonna en une nuit ?
Notre Seigneur au-dessus des barons,
Ressuscité à jamais - nos vies épanouies !

Sois honoré ô divin Roi,
Sois couronné ô bon Maître,
Parfait Consolateur - adieux nos désarrois !
Et notre espérance ne fait que croître.

## SA NAISSANCE- NOEL

**Bébé de Bethlehem**
   *Michée 5.1*
   *Esaïe 7.14*
   *Esaïe 9.5-6*
   *Matthieu 1.18-25*
   *Luc 2.1-21*

Oh qu'il est beau !
Ce petit bébé couché sur une mangeoire,
Oh qu'il est beau !
Ce petit bébé remplit de gloire !

Déjà au ciel vibre un chant,
Un chœur d'adoration au Roi,
Mais pour le diable, un couteau tranchant,
Transperçant aussi ses rois.

Heureux les humbles,
Le Royaume des cieux leur appartient,
Leurs cœurs, Dieu comble,
Les pauvres bergers, il soutient.

Le petit bébé est là,
Notre espoir est en lui,
La délivrance est là,
Déjà l'aurore luit.

Pourquoi les mages l'adorent ?
Oubliant leurs gloires,
Le zèle du ciel les dévore,
A la majesté du Grand Roi crions « victoire ! »

Bébé de Bethlehem, à toi la louange,
Notre adoration,
La destinée de notre vénération,
Qui ne souffrirait pas de mélange.

Merci Dieu, notre Père
Pour ce don précieux,
A Jésus nous nous laissons faire,
Pour des jours heureux dans les cieux.

**Message de Noël**
*Jean 1.1-18*
*Matthieu 1.18-25*
*Luc 2.1-21*
*Matthieu 2.16-18*

Noël, c'est quoi ?
Noël, quel message ?
Noël, mais pourquoi ?
Noël, quel sacré langage ?

Noël, miroir reflétant l'image de l'homme,
Telle que Dieu la voit :

Malpropre, infirme, corrompue, infâme,…
Et par amour, il emprunte notre voie.

Le cœur du Père saigne pour l'humain,
Il a compassion de sa créature :
« Ma grâce te suffit, ô homme, tiens ma main,
Christ, le Messie, est ma signature ».

Noël, Dieu en chair dans le monde,
Noël, Dieu repend son amour au monde,
Noël, Dieu nous sonde,
Noël, un parfum inhabituel nous inonde.

Jésus, quelle humilité !
Dieu-Roi dans la précarité,
Sauveur dans la rivalité,
Héritier dans la pauvreté !

Tu es venu pour tous les hommes,
Donner une belle image
Sans discrimination aucune- heureux mariage !
Bienvenu doux Jésus, je t'aime !

Noël, la gloire de Dieu dans le monde,
Noël, un mystère divin dans l'homme,
Noël, le mariage conclu avec le monde,
Noël, une famille unie en un seul Homme.

## SON ENFANCE

**Plus sage que les sages**

*Luc 2.41-47*

Tu n'as pas fini de surprendre,
Les maîtres de la loi, tu n'as fait que confondre,
Et tes parents, tu n'as fait que reprendre,
Sans qu'ils puissent te comprendre.

A douze ans,
Oser convaincre les maîtres !
Et que dire de leurs partisans,
A tes pieds, ils doivent se soumettre !

De toi naissent l'intelligence et la sagesse,
Et tu les donnes sur mesure,
Mais toi tu jouis d'une largesse,
Pour corriger toute bavure.

« De qui est cet enfant ? »
Pouvaient–ils dire,
Car émerveillés - jamais vu de leur temps,
Et leurs limites tu as pu lire.

Tu es venu du ciel,
Et tu as tout reçu du Père.
Pas à Joseph ou à Marie de te faire goûter le miel,

Divin, tu donnes les sublimes repères.

Digne es-tu Seigneur,
De briller sans fin en sagesse !
Qui pourrait se mesurer au vaillant Gagneur,
Faisant tout avec finesse ?

## Les affaires de mon père d'abord
*Luc 2.48-52*

Messager fidèle,
Loin d'être rebelle,
Suivant les normes du Père,
Sans moindre rature.

Il est toujours à la bonne place,
En suivant les traces,
Du sacré itinéraire,
Jusqu'au temple qui s'endort.
Au dessus de la pression humaine,
Car œuvrant dans son domaine :
« Les affaires de mon Père d'abord,
Loin de moi les vils décors !

La volonté du Père,
Voilà ma lumière,
Pour briller dans les ténèbres,
Et donner des fruits aux arbres.

Une fois le soir venu,
Je parcourrai les lugubres avenues,
Pour parachever l'œuvre,
En écrasant la tête du « couleuvre »…

Au matin, je conscientiserai les miens,
Sans rien cacher- alors rien,
De la mission qui les attend,
De travailler alors qu'il est temps.

Puis, je retournerai au Père,
Dans toute la gloire,
Ayant rempli tout devoir,
Par son sublime pouvoir. »

O parfait modèle,
Qui nous modèle,
A rester fidèle,
Par ta parole…

Nous te couronnons,
Et nous entonnons
Un cantique nouveau,
Car, tu as excellé à tous les niveaux.

## SON MINISTERE PUBLIC

**Emu de compassion**
*Marc 1.23-27*
*Matthieu 8.16-17*
*Jean 6. 16- 13*

Ame compatissante,
Jamais repoussante,
Toujours attirante,
Plus que clémente.
Que de fois ému de compassion !
Aimer … voila ta passion.
Homme venu du Père - suprême dimension,
Homme-Dieu, puits de toutes les solutions.

Les affamés ont tressailli
D'avoir du pain et du poisson :
« C'est le Roi qu'il nous faut - jamais failli !
Avec lui plus de rançon ! »

Liberté aux captifs !
Tu les cherchais même le sabbat !
Aux péchés ils étaient réceptifs,
Libérés, leur joug tomba.

Quelle maladie t'avait résisté ?
Quel démon te faisait la cognée ?

Les morts - même Lazare, ressuscitaient,
La délivrance aux pauvres soulignée.

Et lorsque ému de douleur,
Tu avais pleuré,
Tu as fait tienne notre misère,
De suite, notre « panne »réparée.

Au dessus de la loi, du péché
Et de la mort…
Ton peuple repêché,
Au Roi soit la gloire pour ce record !

**Parfait serviteur**
   *Actes 10.38*
   *Jean 13. 1-15*
   *Jean 8. 44-45*
   *Jean 8. 1-11*
   *Luc 7. 36-50*

Parfait serviteur,
Humble de cœur,
Agissant sans peur,
O divin Pasteur !

Riche en miracles,
Proclamant les oracles,
Pour élargir le cercle,
Inébranlable socle.

Il allait de lieu en lieu,
Jusqu'aux banlieues,
Faisant le bien,
Car, il savait l'âme coûte combien.

Son regard d'amour il baissait
Et voyait selon Dieu.
Les pauvres en esprit se réjouissaient…
Quel Seigneur miséricordieux !

Sa bouche remplie de douceur,
Mais aussi d'autorité :
« Satan, va-t-en menteur ! »
O majestueuse divinité !

Jamais homme ne parlait comme lui :
« Votre père, c'est le diable !»
« Femme, va et ne pèche plus »
« Tes péchés te sont pardonnés »…
Ses mains tendres
Communiquaient vie à son peuple,
Guérissaient sans rien vendre,
Mais aussi, lavaient les pieds des disciples…

Parfait serviteur, notre miroir,
Nous te serons fidèles,
En suivant ton modèle,
Et nous chanterons dans tes couloirs.

## SON SACRIFICE SUPREME

**Moi en vous (la sainte cène)**

*Luc 22.14-23*

Faites ceci en mémoire de moi :
Mon corps en vous,
Mon sang aussi.
Prenez et mangez,
Prenez et buvez,
La nouvelle alliance
En Jésus-Christ.

Souvenez- vous toujours,
Du pardon de vos péchés,
En mon sang.
De la vie et de l'énergie
D'aller le plus loin possible,
Grâce à mon corps,
Le pain de vie.

Moi en vous,
C'est l'unité,
Le mariage,
La famille,
Unis pour toujours,
Abat le divorce.
Commémorez chaque fois
Pour attiser le feu de ce lien.

Vous de même,

Soyez unis en moi,

Vous aimant les uns les autres,

Pour que le monde croie,

Que vous êtes mes disciples,

Gens de lumière,

Sel de la terre.

Moi en vous,

La nouvelle alliance, en Jésus-Christ.

Alléluia !

Alléluia !

Amen !

Amen !

**Au jardin de la nuit**
*Matthieu 26.36-46*

Que faire des ténèbres

Qui m'environnent sans éclats ?

Que faire de la coupe funèbre

Qui s'avance, ô maudit plat !

Esseulé dans le jardin

Qui peut me secourir ?

Je revois les ténèbres de l'Eden,

Avec son vilain sourire…

Les miens m'ont quitté,
Que dis-tu bon Père ?
Peux-tu éloigner cette coupe redoutée ?
O Père, à ta volonté je me laisse faire.
La nuit s'amplifie,
Quel terrible combat !
Et quel horrible défi !
Et le sang couronne le débat.

Aucun pour veiller !
Ma souffrance ne leur dit rien !
Mais ton œil veillait :
« Combat ! C'est tout ou rien ! »

Oui, bon Père, c'est fait,
C'est pour cette heure que je suis venu.
Gethsémané, quel feu as-tu chauffé ?
Le rachat... Et tout est fini.

Dans ma douleur
Je suivrai ce lugubre chemin
Jusqu'au matin
De Pâques qui changera le décor.

Bon Père, que ta volonté soit faite,
Ta volonté soit faite.

**Homme de douleur**

*Esaïe 53*

*Psaume 22*

Combien de fois m'ont-ils rejeté ?
Combien de fois m'ont-ils haï?
Combien de fois m'ont-ils violenté ?
Combien de fois m'ont-ils trahi ?

Alors que pour eux
Je suis venu ici bas.
Ils complotent entre eux :
« Crucifie-le !», fin du débat.

Chemin de la croix ouvert
Pour accomplir les Ecritures,
Concernant le « bois vert »,
Et mon peuple appose sa signature.

Moi, l'Homme de douleur,
Habitué à la souffrance,
Habits trempés de sang, quelle couleur !
Humilié - L'Homme du jour, la référence.
Jusqu'au bout,
C'est le prix du salut.
C'est alors que Dieu te mettra debout.
O mon peuple, tu ne m'as pas voulu !

Atroce souffrance – avec cette chaleur !

Aux péchés je me confonds…
Père, pardonne – leur
Car ils ne savent ce qu'ils font.

Et tu m'as abandonné…
Mais, entre tes mains je remets mon esprit.
Le couronnement de cette randonnée,
Quand j'ai tout remis, et tu as tout pris.

La victoire dans la souffrance,
La gloire à travers la trahison,
Le salut par la maltraitance,
Le rachat par le sang - sublime guérison.

Et l'amour bannit la haine,
L'invitation pour le paradis,
Le pardon aux actions vilaines,
Et tout était accompli !


**L'Agneau de Dieu**
*Jean 1.29*
*Esaïe 1.18*
*Jean 10.11*
*1 Pierre 1.18-20*
*Jean 3.23-36*

Tu es venu purifier ton peuple
Car le péché abondait.

Tu t'es soucié de ton temple,
Et ta grâce surabondait.

Va sur terre mon fils !
En Agneau de la rédemption,
Pour t'atteler à ses vices
Et ses nombreuses corruptions.

Même si ses péchés
Sont comme le cramoisi
Point d'égard aux déchets,
Ils seront à tout prix blanchis.

Et s'ils sont rouges
Comme la pourpre,
Quelle que soit la rage,
Désormais comme la laine – très propre !

En outre, qui croira en toi,
Quel qu'il soit et où qu'il soit,
Vivra éternellement sous ton toit.
La vie ou la mort va de soi.

Tous les péchés du monde
N'ont de guérison qu'en toi.
Et quand Satan dans sa fureur gronde,
Tu lui dis : « Arrête ! Je reconquis mon toit.»

Heureux ceux qui lavent leurs robes

Dans le sang de l'Agneau,
Car ils s'assiéront sur son trône.
Oh ! Quelle fête des compagnons !

Gloire à Jésus !
Gloire à l'Agneau de Dieu !
Gloire au Fils unique du Père
Qui nous épargne de sa colère.

**Ton sang...**
*Matthieu 27. 15-54*
*Apocalypse 5. 9-10*

Ton sang me racheta,
Ton sang me libéra,
Ton sang me purifia,
Ton sang me justifia.

Voyez les deux madriers,
Ne deviendraient-ils pas des béquilles ?
A cause de moi, Jésus est souillé,
Plein de péchés, vilaines coquilles.

Ses mains et pieds percés,
De ces clous répugnants.
Aucun pour le bercer !
Et ces plaies... Aucun soignant !

Voyez cette couronne d'épines,

Oh, quelle horreur !
Pas un seul mot – suprême discipline,
Tu souffris pour sauver la terre.
Et ce vinaigre qu'on lui sert,
Oh, quelle cruauté !
Mais, tu brillas par la douceur
Face à notre méchanceté.

Et ton côté percé…
De l'eau et du sang versés…
O Jésus sauveur,
Universel Donneur…

Et tu m'as tout pardonné,
Car tu m'as aimé.
Tu m'as tout donné,
Mon salut proclamé.

## MATIN DE PAQUES

**O mort, où est ton aiguillon ?**
*Apocalypse 1.18*
*Osée 13.14*
*1 Corinthiens 15.54-55*

    « Je suis la résurrection et la vie,
    Quiconque croit en moi vivra,
    Même s'il meurt ».
    Oui, nous verrons le divin dans son parvis,
    Nous chanterons et lèverons nos bras,
    A la gloire du Roi qui, d'âge en âges demeure.

    Le tombeau est vide,
    La pierre est roulée,
    Au ciel la louange est infinie !
    Les anges adorent le Guide
    Des âmes trempées
    Dans son sang pour une vie infinie.

    En enfer règne la profonde confusion,
    O mort, où est ton aiguillon ?
    Jésus est le Grand Vainqueur !
    Sa résurrection mérite large diffusion…
    Enfer, où sont passées tes bataillons ?
    Jésus bat ta rancœur !

Quelle mouvance au jardin de l'aurore !
Peuple fidèle, réjouis- toi !
Ton sauveur vit à jamais !
Adieu la peur qui te dévore,
Exhibe tes danses, loue ton Roi,
L'unique médiateur proclamé !

« La paix soit avec vous !
Je suis vivant ! Allez dire à mes frères,
De se rendre en Galilée… »
Oui, ta victoire nous rend fous !
Messagers de gloire,
Crions-le : ''c'est le jubilé ! Le jubilé ! ''

Il est ressuscité !
Et vit à jamais !
La terre n'a pu le contenir,
Il vit à jamais !

## AVANT SON ASCENSION

**Je vais vous préparer des places**
 *Jean 14*
 *Jean 15*
 *Jean 16*

   Dans la maison de mon Père
   Il y a plusieurs demeures.
   Je vais vous préparer des places,
   Afin qu'où je suis, vous y soyez.

   Désormais, vous connaissez le Père,
   Plein de douceur…
   Suivez mes traces
   Et ce monde sera dépouillé.

   Vous êtes dans le monde,
   Mais pas du monde.
   On vous détestera, on vous haïra,
   Prenez courage, j'ai vaincu ce monde.

   Le Saint- Esprit vous inonde,
   L'armée des cieux vous seconde
   Votre paix comme un fleuve jaillira,
   Et vous serez au-dessus de la ronde.

   Satan n'a rien en moi,
   Il est le père du mensonge.

Moi, je suis la vérité,
La lumière du monde.
Que rien de lui en vous,
Croyez en Dieu, croyez en moi,
Vous vivrez la prospérité,
Et que votre joie abonde.

Gloire au divin protecteur,
Gloire au Roi Sauveur,
Hôte incomparable,
Berger redoutable,
Avocat invincible.

**Faites des disciples…**
*Matthieu 28.16-20*
*Jean 10.16*
*Jean 12.24*

Eglise, je t'ai donné un mandat :
« Va ! Fais des disciples,
Des disciples dans toutes les nations… »
Mène ce combat,
Sauve mon peuple,
Divine émanation.

Mes brebis sont en errance,
Les bergers sont indifférents,
Et mon cœur s'enfle de douleur !
Eglise, pourquoi tes vacances ?

Oublies-tu que c'est aberrant ?
Je donne à l'âme une vive valeur.

Sais- tu le prix d'une âme ?
Et ne peux-tu pas chercher d'autres ?
Le ciel attend de fêter !
Ravive ta flamme,
Enlève ta poutre,
Evite de trop siester !

Je te garantis des présents,
Car l'enfant obéissant
Mérite la faveur de son père.
Va ! Je t'accompagne – omniprésent,
En te bénissant,
Ne crains pas le calvaire.

Vivez l'unité,
Visez l'ennemi – le diable,
Pas votre proche.
Arrosez l'humilité,
Ensemencez le « blé »
Fuyez la sainte colère qui s'approche !

**Une église vivante et unie**

*Jean 17*

*Esaïe 6.1-4*

*Matthieu 6.19-34*

Jésus, tu as dit aux disciples :
« Soyez un comme nous,
Et ceux qui croiront en vous,
Soient un en nous »
Solide pilier du temple…

Moi et le Père sommes un,
Eglise, soit unie – unité !
Eloigne de toi la vanité,
Les vilaines prospérités.
Vis du sacré butin !

Seigneur, augmente notre foi,
Etanche notre soif,
Ote ce qui nous étouffe,
Et couvre- nous tes étoffes,
Ton lin et ta soie.

Comme au jour d'Esaïe,
A l'exemple des séraphins,
Donne-nous six ailes,
Et ton propre zèle…
Fini le sommeil qui nous envahit !

Portant notre croix,
Donne-nous ta joie.
Que ceux qui croient,
Servent leur Roi,
Bravant le fameux bois !

Tous unis en Jésus,
La pierre angulaire,
Brisons nos barrières,
Fructifions nos talents
Pour un sublime salaire :
La couronne de vie.

## AU CIEL

**Couronné de gloire**
*Apocalypse 4*
*Apocalypse 5.12-14*
*Psaume 45. 7-8*
*Psaume 110.1*

Voici ton Eglise à genou,
Mains levées,
Cœurs purifiés,
Robes lavées,
T'adorant sanctifiés,
Dans ton parvis, accueille-nous.

Nous proclamons ta majesté,
Magnifiant ta gloire,
Souverain, règne à jamais !
Partageant ta victoire,
L'armée des ténèbres désarmée,
Et ton omnipotence attestée.

Aux anges nous nous associons,
Pour célébrer cette gloire,
En contemplant ta face,
Ta beauté qui demeure,
Source de toute grâce,
O bon Maître de Sion.

Et nous jetons devant toi nos couronnes,
Peu importent leurs diadèmes,
To, tu es plus important.
Notre divin emblème,
Le suprême combattant,
La vie que Dieu donne.

Si Dieu t'a honoré,
Pourquoi pas nous ?
« Assied-toi à ma droite
Jusqu'à ce que tes ennemis
Deviennent ton marche- pied ! »
La part de notre Pain à savourer…

    Nous adorons ta saveur,
    Nous acclamons ta faveur,
    Nous proclamons ta ferveur,
    Sois couronné immortel Sauveur.

**Nul n'est comme toi Jésus**
*Apocalypse 19.11-16*

Roi glorieux,
Fidèle et véritable,
Le victorieux
Pain incomparable.

Au cœur de la louange,
En chœur avec les anges,

Nous proclamons ta gloire,
Notre joie et notre victoire.

Roi des rois
Seigneur des seigneurs,
Qui peut délier ta courroie ?
O sublime bannière…

Brillant de lumière,
Beauté ineffable,
Divine rivière,
Vivifiant et fiable.

Nul n'est comme toi,
Jésus, Dieu – puissant,
Consommateur de notre foi,
Combien précieux est ton sang !

En ta présence,
Que d'abondance,
En louant avec des danses,…
Car, tu nous aimes sans vacances !

Et nos prières,
Exaucées au-delà du monde,
Pour faire honte au menteur,
Qui, à tout instant vagabonde.

## SA SECONDE VENUE

**Jésus revient, Maranatha !**
*Daniel 2.44*
*Daniel 7.14, 27*
*Apocalypse 1.7, 13-16*
*Apocalypse 22. 12-17, 20*
*Actes 1.11*

Jésus revient !
Maranatha !
Le Roi de gloire vient !
L'Humble de Bethlehem Ephrata.

Jésus revient !
Maranatha !
Le millénium vient !
Tout œil le verra !

Nous le verrons tel qu'il est,
Quel repos !
Confusion aux mensonges spéculés,
Pour Jésus nous hisserons le drapeau.

En Grand Roi majestueux,
Il régnera avec justice et équité,
Vêtu d'un vêtement somptueux,
Les pans de sa robe – quelle beauté !

Ses fidèles régneront avec lui,
Pour la prodigieuse fête des noces.
Alors que le soleil de justice luit,
Ils réaliseront le royal sacerdoce.

Les infidèles rougiront :
C'est l'heure de la judicieuse décision !
Sinon, le salut ils désireront,
Mais obtiendront la confusion.

Jésus revient, Maranatha !
Soyons tous prêts,
Mettons nos « talents » tout près.
Malheur à « Judas » qui déserta…

> Jésus revient,
> Maranatha !
> Jésus revient,
> Maranatha !
> Gloire au Roi !
> Hosanna !
> Hosanna !
> Amen !

# CONFESSION DES FIDELES

**La raison de nos vies**
*Actes 4. 19-20*
*Daniel 3.13-19*

Jésus–Christ,
La raison de nos vies.
Pour lui poussons des cris,
Ebranlant son parvis.

Reflétant son image,
Pas d'autre Dieu que lui.
Confessant son message,
Lui disposant notre ouïe.

Quelle créature
Ne reconnaîtra pas son créateur ?
De qui est la signature
Dont nous sommes détenteurs ?

Quel enfant
Ne reconnaîtra pas son père ?
Ne serons-nous pas fans,
Du bienheureux Géniteur ?

Quel est ce pécheur,
Qui ne reconnaîtra pas son Sauveur ?
D'où tires- tu ta fraîcheur ?

N'est-ce pas du Sublime Pasteur ?

Et quel est cet esclave,
Qui renie sans gène son Maître ?
Qui t'a affranchi de la cynique enclave,
Sinon le Grand Prêtre ?

Allons !
N$^{\text{ième}}$ génération des apôtres,
Vivons !
Comme Jésus, sanctifiées outres.

Jésus seul, la raison de nos vies !
Jésus seul, la raison de nos vies !

## HYMNES DU PELERIN TRAVERSANT

## LE DESERT

### Les chants… après les larmes

« Je veux dire merci au seigneur ;
De tout mon cœur, je veux remercier l'unique vrai Dieu.
Oui, je veux remercier le Seigneur sans oublier un seul de ses bienfaits. »
« Que tout ce qui respire acclame le Seigneur !
Alléluia, vive le Seigneur ! »
**Psaumes 103.1-2 et 150.6**
**Bible Expliquée**

# AVANT-PROPOS

**Traverser un désert**

Sais-tu qu'il existe plusieurs types de désert ? Certains ne sont composés que de dunes de sable, d'autres de roches, et d'autres, de terre sèche et dure. L'image du désert que nous avons est celle d'un endroit hostile, difficile et où il faut lutter pour vivre. C'est d'ailleurs pour cela que l'on dit parfois lorsqu'on traverse une épreuve pénible que c'est une traversée de désert.

J'ai eu l'occasion de voyager et de voir un désert pour de vrai. Nous étions une petite équipe de quatre, et nous avions envie de découvrir cet univers si difficile et attirant à la fois. Lorsque l'on entreprend un tel périple, il y a trois choses essentielles à avoir avec soi : du carburant, des vêtements chauds car il fait très froid la nuit et évidemment de l'eau. Sans ces trois choses, il est impossible d'entreprendre la traversée.

Un désert, ce n'est pas comme une ville. Il n'y a pas de panneau d'entrée, mais on se rend compte que l'on y est lorsque l'on voit ce paysage se répéter infiniment vers l'horizon. Cependant, de l'autre côté, il se termine. Pour le traverser, il faut donc être préparé et avoir tout le matériel nécessaire. L'essentiel reste malgré tout... l'eau.

**"Le temps est sans importance, seule la vie est importante"**

Cette déclaration, tirée du film *Le Cinquième Elément* est on ne peut plus vraie. Lorsque l'on traverse un désert, bien que le temps passe et que l'on doive se préparer (la journée on lutte contre la soif et le chaud, la nuit on lutte contre le froid), l'unique objectif est de rester en vie. Notre petite équipe était bien entendu préparée à cela, mais nous avons eu quelques surprises. Je me souviens d'une nuit où une vague de froid est arrivée et nous a obligés à dormir à quatre, serrés comme des sardines, dans une tente pour deux personnes. L'objectif était d'utiliser la chaleur du corps de chacun pour se maintenir au chaud. Dans un tel moment, rien n'a plus d'importance que de rester en vie.

Une autre chose à avoir lorsque l'on traverse un désert est une carte (et une boussole s'il n'y a pas de chemin). Entreprendre un périple sans cela, c'est errer au hasard en espérant arriver de l'autre côté. Aujourd'hui, à moins d'être parachuté dans un désert, personne ne s'aventure à y aller à l'aveuglette.

**Et si notre vie était un désert ?**

Si le temps que nous avions à vivre en ce monde était un désert, il serait fou de s'y aventurer sans boussole et sans carte. Il serait fou d'y aller sans eau et sans avoir préparer le minimum vital. Et pourtant... c'est ce qui se passe pour bien des personnes. Elles passent leur vie à errer pour trouver un but, une direction où aller sans jamais y parvenir. Leur vie est faite d'espoir et de peur : « j'espère que je fais les bons choix, mais j'ai peur de ce qui peut se passer si... »

Si tu trouves que c'est fou de s'aventurer dans un désert sans se préparer, alors tu dois savoir qu'il est aussi fou de vivre sa vie sans se préparer. Tu ne sais pas combien de temps tu vas vivre. Dieu nous montre dans sa Parole qu'il est un guide, un chemin véritable qui mène à la vie éternelle (Jean 14.6). C'est lui qui est la boussole, et la Bible est la carte qu'il nous donne pour nous diriger. Il arrivera certainement dans ta vie un temps où tu te trouveras comme dans une impasse. A ce moment, ce qui sera important est ta vie. Pour te maintenir en vie, tu devras avoir avec toi tout ce qu'il faut :

- De l'eau : « (...) A celui qui a soif je donnerai de la source de l'eau de la vie, gratuitement. » (Apocalypse 21:6)
- De quoi lutter contre le froid : « Dieu est pour nous un refuge et un appui, un secours qui ne manque jamais dans la détresse. » (Psaume 46:1)
- De quoi te diriger : « Ta parole est une lampe à mes pieds, et une lumière sur mon sentier. » (Psaume 119:105)

Dieu nous appelle dès aujourd'hui à le suivre et à lui faire confiance. Il sait ce qu'est notre vie, car c'est lui qui l'a créée. Il sait même ce que c'est de traverser des épreuves, d'avoir peur, de pleurer, ou d'avoir faim : Jésus l'a expérimenté. Tout ce qu'il nous demande, c'est de nous préparer et de ne pas s'aventurer dans la vie sans lui.

Il serait fou de traverser un désert sans se préparer, ne penses-tu pas ?

« Ne vous inquiétez donc point, et ne dites pas: Que mangerons-nous? Que boirons-nous? De quoi serons-nous vêtus? Car toutes ces choses, ce sont les païens qui les recherchent. Votre Père céleste sait que vous en avez besoin. Cherchez premièrement le royaume et la justice de Dieu; et toutes ces choses vous seront données par-dessus. » (Matthieu 6:31-33)

**Olivier**
www.planete-j.com/Edito, Juillet-Août 2012

**Suis-moi là-bas**

J'entends ta voix
Qui m'appelle
Et je vois la croix
Qui m'interpelle…

Mon fils ! Mon fils !
Suis-moi là-bas,
Je vois tous tes vices,
A moi ton combat.

Père ! Père !
Te suivre Seigneur,
Par ton sacré repère
Inondé de lumière.

Fais de moi Père,
Ce fils qui s'écœure
Toujours dans son cœur
Du péché et ses misères…

Et par ta divine flamme,
Consume tout d'Adam,
Pour que Jésus paraisse,
Lui, que toute langue confesse !

Père ! Père !

Ton amour me presse,
Sublime bannière,
Jésus seul, mon adresse.

**Sur ce chemin rocailleux...**

Comment y arriver ?
Et quand y arriver ?
Mon espoir, qui le raviver ?
Sortir... Etre sauvé...

Je ne sais pas comment
Jouir des flots de vie
Pour que pauvre sarment,
Aie pleinement la vie.

Montrez-moi le chemin,
Aujourd'hui pas demain,
Celui du divin,
Qui donne sens à l'humain.

La ville sainte,
Cité céleste,
Où les âmes saintes
Vivent l'éclat - la fête...

Y arriver par la foi,
Sur ce chemin rocailleux.
Se relever à chaque fois,

Du sang du calvaire emmaillé.

Relève-toi, courage !
Jésus essuiera tes larmes,
Ta souffrance est de passage,
Ne lâche pas tes armes !

Jésus aplani ton parcours,
Quels que soient ses détours,
Par son divin concours,
Sans effet tout retour.

**Le désert**

Le désert, pas de rivière,
Quelle chaleur !
Saint-Esprit souffle sur moi !

Mon corps est affaibli,
Où m'abriter ?
Jésus, soutiens-moi.

Jésus sois mon soleil,
Pour aller jusqu'au bout.
Chasse en moi tout sommeil
Afin d'honorer ton rendez-vous.

Le désert, que d'épines !
Le sable me retient aussi !

Jésus, donne-moi tes chaussures.

Que scorpions et serpents venimeux
Se heurtent à ton nom puissant,
A tout jamais défaits.
Jésus, donne-moi ton zèle…
Saint-Esprit, Esprit de vie,
Accroché sur tes ailes,
Emporte-moi dans son parvis !

Et que se confesse,
En toute largesse,
La Parole de vie,
Qui jamais ne dévie.


**Toujours présent…**

L'eau de vie,
Jaillissant du parvis,
La manne, ce pain venu du ciel,
Comblaient ton peuple, quoique rebelle.

La viande ne manquait pas,
Comme la nuée à chaque pas.
La colonne de feu toujours présente,
Comme ta clémence permanente.

Eternel, toujours là…

Emmanuel, Dieu avec nous,
Ton amour tu confirmas
D'emblée, nous plions nos genoux !

L'ennemi tremble de peur,
Quand le peuple de Dieu arrive…
Rien d'autre à faire,
Comment résister au divin fleuve ?

Par ta main puissante,
Tu conduis au bon port.
Avec ton armée agissante,
Tu accomplis des records.

Victoire aux messagers de Dieu !
Bénédictions sur eux !
Qu'en tous lieux,
Qu'ils jouissent de tes présents !

**Jésus, fidèle Ami**

Jésus, fidèle Ami,
Mon sûr Compagnon,
Un secours qui ne manque jamais.
Jésus, tu as mis
Sous tes pieds tous les canons
De l'ennemi déprimé…

Esseulé sur cette route,

Sur qui d'autre compter ?
Alors que germent les doutes,
Les mers en furie dépassant leurs lits,
Jésus surgit pour me dompter,
Et tout sentiment d'échec avili.

Mes jours sont par milliers
Dans ce désert presqu'infini,
Et à issue indéfinie…
Rien à craindre, Jésus m'est familier,
Mon sûr secours,
Adoptant mon recours.

Qui d'autre que toi,
Tendre fidèle Ami ?
Incomparable,
Inégalable,
Tout t'est soumis,
Et quel éclat sous ton toit !

Tu me fais marcher,
Jour et nuit,
Sans jamais ta main lâchée,
Et ma foi s'épanouit.

**Où est son Dieu ?**

Mais, où est son Dieu ?
Rêve-t-il ?

Sommeille-t-il ?

Insensible aux cris de son fils ?

Moi, je sais que mon Dieu

Ne sommeille ni ne dort,

Il voit tout,

Il sait tout.

Il travaille en ma faveur,

Et je vis chaque jour sa ferveur,

Puis, me conduit au bon port.

Allez-vous en messagers d'enfer !

Ne ferez-vous pas de Dieu votre Père,

Au lieu de subir la verge de fer ?

Le Père, oublie-t-il son enfant ?

Le créateur ignorer sa créature,

Quelle bavure !

Le Sauveur diffamer celui qu'il aime tant ?

Le Maître désavouer son disciple ?

Mon Dieu règne à jamais,

Veuille sur son peuple,

Et son salut toujours proclamé.

**Restaure-nous**

Père tendre,

Viens nous prendre,

Pour nous apprendre,

Sans argent - rien à vendre,

Ce que tu es en train d'entreprendre.

Père saint, saint, saint,
Rend-nous comme toi, saints,
Pour que tout soit saint,
Et que rien de malsain
N'entrave ton dessein.

Restaure-nous bon Père,
Relève-nous tendre Pasteur,
Fais-nous vivre ton bonheur.
Ta joie inonde nos cœurs
Car tu nous affranchis vaillant Défenseur.

Et la sainte cohorte,
Au seuil de la ville forte,
Franchit les portes,
En chantant d'une voix forte
L'hymne des rachetés.

Au bois la misère clouée,
Au feu ses vilains fouets,
Dieu a tout déjoué,
A lui nous nous sommes voués,
Et à jamais dévoués.

**Mandatés…**

    Je vous ai choisi
    Pour que vous portiez
    Des fruits qui demeurent.
    D'ôter en vous ce qui est décousu,
    Car sarment du Père, ses héritiers,
    Des grains de blé qui ne meurent.

    Equipés, allez dans le monde,
    Faites y la ronde,
    L'Esprit Saint vous inonde,
    De ses flots que nul ne sonde.
    J'attends de vous l'amour,
    J'attends de vous un riche parcours.

    A toi nos vies,
    A toi nos cœurs,
    A toi tout de nous Seigneur.
    Comme dans tes parvis,
    Avec les anges en chœur
    Nous t'adorons Seigneur.

    Rien ne pourra vous nuire,
    Votre lumière faites luire,
    Que jamais sel ne perde sa saveur.
    Suivez les traces de votre Sauveur
    Et Satan va fuir.
    Allez au nom de ma ferveur !

**Vers les eaux profondes**

Tu as pêché toute la nuit,
Travail vain,
Car sans moi tu ne feras rien.
Sois attentif à l'appel de minuit,
L'Epoux vient,
Pour t'amener au loin.

Je me suis révélé,
Je t'ai enseigné,
Je t'ai équipé.
Tout est aplani, nivelé,
Maintenant va comme l'araignée.
Ne t'affole pas de tes canapés !

Ton espoir se perd !
Tu as tant cherché sans trouver,
Maintenant avance
Vers les eaux profondes,
Jette le filet pour trouver
Et tu exhiberas tes danses !

Eglise reconnaît ta mission,
Je déteste ta démission,
Va chercher mes brebis égarées,
Qu'elles s'échappent de malédictions,
Surtout de l'éternelle punition,
Leur Dieu ne peuvent-elles pas adorer ?

**Les chants… La fête…**

Mon but est atteint :
T'instruire à mon Ecole,
T'éprouver pour te faire du bien.
Je t'ai dressé comme un sapin,
Pour jouer parfaitement ton rôle.
Tes larmes…rappelle-toi combien !

Savoure ton lait et ton miel,
Mais ne cède pas à l'orgueil.
Jouis de tes richesses…
Mais honore avant tout le ciel,
Sois reconnaissant dès ton réveil,
Remercie Dieu pour ses largesses.

Tu étais esclave,
Dieu t'a affranchi.
Tu étais pauvre,
Dieu t'a enrichi.
Tu étais pécheur qualifié,
Dieu t'a sanctifié.

Pas d'idoles, Dieu seul !
Un seul Chemin : Jésus-Christ,
Un seul Consolateur, le Saint-Esprit.
Sur terre tu es sel,
Compassion à l'âme qui crie,

Car elle est hors de prix !

Chante !
Danse !
Fête !
Au nom de Jésus !
Au nom de Jésus !
Au nom de Jésus !

**Allons…**

Dieu dans sa grâce infinie,
Nous a envoyé son Fils unique,
Des pauvres pécheurs, désormais des fils bénis,
Car, libérés du joug adamique.

Jésus-Christ, Dieu fait chair,
Quel amour nous as-tu démontré ?
Tout en toi était sacré, profond et cher,
Le chemin de la vie tu nous as montré…

Tu appelles à toi toutes les races,
Sans discrimination aucune :
Divin, tu rends disponible ta face,
Pour que quiconque s'approche de toi sans lacune.

Américains, océaniques, asiatiques, européens, africains
Allons au Père par Jésus-Christ, l'unique porte,

Nous aimant à l'exemple du bon samaritain,
Bravant toutes traditions mortes...

Messagers du Père, en route pour la mission !
Disciples de Christ, suivez les traces du Maître !
Portez le message de vie, quelle que soit la profession,
Avec amour et unité, comme les premiers apôtres.

Américain, as-tu écouté la voix de tes prophètes ?
As-tu compris les langages de Dieu pour t'enseigner ?
Qu'as-tu fait à la suite de certaines de tes défaites ?
As-tu appris la sagesse comme l'araignée ?

Océanique, es-tu conscient de l'amour divin ?
Une eau abondante, presque pas de guerre, le savez-vous ?
Louez-vous ce Dieu au lieu de vous enivrer de vin ?
Ou de vous livrer dans l'occultisme comme des fous ?
Asiatique, que des divinités en toi !
Quand vas-tu prendre conscience de l'unicité de Dieu ?
A quoi servent les idoles sous ton toit ?
Jusque-là, Dieu t'attend, Il se fait plus que miséricordieux !

Européen, jusqu'où ira ton orgueil ?
Ta prostitution, ta présomption, trop de mélanges !
Des talismans, des bagues jusqu'aux orteils !
Dans cette obscurité, comment reconnaîtras-tu les vrais anges ?

O africain ! Réceptif au point de perdre ton authenticité !

Où est passé le « Nzambi Mpungu Tulendo[1] » de tes ancêtres ?
As-tu oublié qu'on Le vit dans l'humilité et singularité ?
Tu deviens ignorant, sceptique, ingrat et piètre !

Pour t'éclairer, Dieu t'a envoyé des missionnaires et prophètes,
Serviteurs participant de la grâce en Jésus-Christ,
Dont Simon Kimbangu, plus que poète,
Afrique, as-tu écouté leurs cris ?

O mon peuple, voici ton destin !
Une ère nouvelle en Jésus-Christ, le grand Roi,
Reconnais ton histoire, humilie-toi dès le grand matin,
Et écoute-Le te rassurer par sa douce et tendre voix :

« Courage mon peuple !
Courage mes brebis !
Courage mes disciples !
Courage, j'atteins mon but !

Déjà brille l'aurore,
La délivrance est là,
Pour oublier le calvaire qui vous dévore,
D'emblée, entonnez l'hymne de votre liberté : la la la la !

Vos prédécesseurs vous attendent,
Comme eux, sonnez de la trompette en marchant,
Quelles que soient les circonstances, les anges vous défendent,

---

[1] Dieu Tout-Puissant

Pour le grand repos - déjà, écoutez le sublime chant ! »

Tous, allons auprès de Jésus-Christ, notre Maître,
Pour mieux renaître,
Bien paraître,
Sublime bien-être.

**Témoignage vivant – Parfum du cœur**

Seigneur Jésus,
Toi la source de toute vie.
Tu m'as fait traverser le désert
Avec ton bras étendu.
Tout de moi tu prenais soin,
Même les divers.
Je ne peux me taire,
Car tu m'as prouvé
Le plus grand amour depuis Golgotha jusqu'aujourd'hui,
Et pourquoi pas demain ?

Tu m'as démontré ta paternité,
Ton autorité et ta majesté :
Là où l'éclat des hommes était terni,
Là où la compassion s'est tue, finie,
Là où la haine et la violence exerçaient leur veto,
Tu étais toujours là prenant soin de ton louveteau.
Et quand la tempête rugissait,
Tu exerçais ton omnipotence,
Avec mouvance,

Pour la faire taire.
Quand le monde votait « Non »,
Toi, tu votais « Oui »,
Toujours en ma faveur.

Et, tu as fait de moi ton porte-parole,
Pour proclamer tes oracles,
Tes « Ainsi dit l'Eternel »,
Confidentiels ou solennels,
Individuels ou collectifs.
Je ne puis vivre sur la planète « Taire » quand tu me demandes de parler,
Moins encore sur l'oasis de la « fatigue » quand tu me dis :
« Va ! »
Car rien n'est plus grand que ton sacrifice de la croix,
Et depuis, je crois
Que celui qui croit
Verra ta croix
Et vivra de victoire en victoire.
Oui, c'est attesté que ton plaisir est de faire renaître
Pour bien paraître
Devant la Grand-Roi-Prêtre,
Le divin Maître,
Qui fait paître
Son troupeau avec son sceptre.

Mes pleurs, angoisses et frissons
N'ont été pour toi que des simples accessoires que tu as gommé
après que tu aies terminé ton dessin.

Tu m'as façonné,
Tu m'as modelé,
Tu m'as « envoûté »,
Tu m'as sanctifié,
De surcroit ton fils, ton héritier, un cohéritier de Jésus.

A travers le désert
Traversé de bout en bout,
Tu te tenais toujours debout,
Donnant des ordres à ton armée
Pour m'accompagner.
Tu t'es servi des anges,
Mais aussi des contemporains pour m'aider à atteindre le bon port.
Comment ne bénirais-tu pas celui qui donne au tien ne fusse qu'un verre d'eau ?
Et tu as pris tous mes lourds fardeaux,
Pour qu'avec ton joug, je prenne l'élan de l'aigle,
Et les traits enflammés de l'armée ennemie n'étaient que nuls et sans effet.
Oui, l'armée ennemie défaite.
A l'opposé, l'enfant de Dieu vit la fête.
Et si Dieu pouvait nous ouvrir les yeux pour voir ces traits,
Ils constitueraient des tas, des tonnes,
Un vilain trône !

Bref, tu t'es révélé chef d'orchestre,
Sur cette randonnée terrestre,
Quasiment pédestre,

Mettant en scène même les « astres »
Pour empêcher tout désastre.
Et tu m'as aussi révélé ta gloire :
« La gloire du Grand Vainqueur »,
Exalté par les anges en chœur,
Faisant vibrer ciel et cœur.
Et empiétant toute rancœur,
Pas de place pour les liqueurs !
Il est bien réelle que croire et vivre par et pour toi Jésus, est une garantie de la vie éternelle,
Une vie de joie infinie.

Qu'en tout temps Seigneur,
Que je sois un témoignage vivant :
Que ma bouche proclame, célèbre, raconte et applaudisse tes merveilles.
Plus rien n'est impossible dans ce monde,
Car uni en toi Seigneur, tu rends tout possible.
Rien ne me manquera d'emblée, car tu es mon Berger,
J'entrerai calmement dans ton verger,
Je cueillerai mes fruits et me gaverai,
Car tu as tout protégé et prévu pour ta gloire et pour le bien de tes enfants.
Désormais, je n'hésiterai plus d'entrer dans ta maison,
Car là j'ai une demeure pour qu'au final j'y demeure infiniment.

Mon âme te loue,
Mon âme t'adore,
Mon âme te bénit Seigneur.

Que ton sceau sur mon front,

Brille à jamais,

Et te rappelle les soins que tu as réalisés,

Après qu'à Satan tu aies tout de moi réclamé.

Merci mon Dieu,

Merci mon doux et fidèle Jésus,

Merci cher Saint-Esprit.

Amen,

Amen,

Amen.

*« Oser marcher sans Dieu, découvrir que c'est du néant !*
*Oser ne pas adorer son Créateur... La créature rejettera-t-elle Celui qui la vivifie ?*
*Oser marcher... loin... avec larmes...*
*Oser découvrir le Soleil de vie, d'amour...*
*Oser entendre et répondre « oui » à l'appel au-dessus de tout appel...*
*Oser marcher avec Dieu, le Père...*
*Oser découvrir la beauté et bonté de Jésus-Christ...*
*Oser s'accrocher sur les ailes du Saint-Esprit... jusqu'au parvis divin...*
*Oser éclater de joie...*
*Oser témoigner... Oser dire aux autres : « Venez voir un homme intéressant qui m'a bouleversé... » Il y a assez de places pour qu'ils fêtent aussi ! »*

&&&&&&&&&&&&&&&

## Table des matières

PREFACE..................................................................................................3

INTRODUCTION........................................................................................5

AVANT SA NAISSANCE............................................................................9

SA NAISSANCE- NOEL...........................................................................13

SON ENFANCE........................................................................................16

SON MINISTERE PUBLIC........................................................................19

SON SACRIFICE SUPREME....................................................................22

MATIN DE PAQUES.................................................................................30

AVANT SON ASCENSION.......................................................................32

AU CIEL...................................................................................................37

SA SECONDE VENUE.............................................................................40

CONFESSION DES FIDELES..................................................................42

HYMNES DU PELERIN TRAVERSANT LE DESERT ...............................43

Les chants... après les larmes..................................................................43

AVANT-PROPOS.....................................................................................44

Oui, je veux morebooks!

# I want morebooks!

Buy your books fast and straightforward online - at one of the world's fastest growing online book stores! Environmentally sound due to Print-on-Demand technologies.

## Buy your books online at
## www.get-morebooks.com

Achetez vos livres en ligne, vite et bien, sur l'une des librairies en ligne les plus performantes au monde!
En protégeant nos ressources et notre environnement grâce à l'impression à la demande.

## La librairie en ligne pour acheter plus vite
## www.morebooks.fr

OmniScriptum Marketing DEU GmbH
Heinrich-Böcking-Str. 6-8
D - 66121 Saarbrücken
Telefax: +49 681 93 81 567-9

info@omniscriptum.com
www.omniscriptum.com

www.ingramcontent.com/pod-product-compliance
Lightning Source LLC
Chambersburg PA
CBHW020810160426
43192CB00006B/508